Allez hop!
Rendez-vous au plongeoir!
Et le dernier arrivé devra attendre son tour
avant de piquer une tête dans ce rafraîchissant
"trésor" tout plein d'aventures, de jeux et de gags.
Un conseil: FONCE! Parce que celui ou celle qui sera
tombé le premier dans ces 196 pages géantes, craquantes
et bidonnantes, ne sera pas près d'en sortir.
Imagine un peu le supplice: toutes ces B.D. qui te clignent
de l'œil: les Déblok, Pim Pam Poum, Abracadabra,
les Bébés Disney, Yann et Julie, Hägar Dünor, sans compter
Genius, Donald et moi! Tous ces jeux qui t'attendent
pour te frictionner les méninges...
Allez! N'attends pas qu'on te pique ton tour: PLONGE!

Mickey

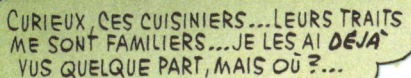

LES DÉBLOK

— Bonjour, mes toutes belles !!

— Ça va pas la tête ! Tu parles à tes plantes, maintenant !!

— Bien sûr ! Tout le monde sait que ça les aide à pousser ! Pauvre ignare !!

— L'ignare, elle va te préparer une bonne surprise !!

— Un ballon de baudruche sous la terre et le tour est joué !!

— Alors, mes jolies, ça pousse !

— Eh, doucement !

BLAF !

HAINE
— Ah ! Ah ! Ah ! Les mots c'est comme l'engrais : trop c'est trop !!

LES DÉBLOK

LES DÉBLOK

CESTAC/ROQUES

YANN & JULIE

CORTEGGIANI/BERCOVICI

HÄGAR DÜNOR

DIK BROWN

HÄGAR DÜNOR

HÄGAR DÜNOR

DIK BROWN

HÄGAR DÜNOR

DIK BROWN

HÄGAR DÜNOR

LE JOURNAL DES JEUX

QUE DIT-ON EN VOYANT PASSER ZORRO, TOUT DE NOIR VÊTU?

À POINTS
Relie les traits de 1 à 73 et de A à O!

TEXTE À TROUVER

J. S.NS Q.. J. V..S F.R. .N P.T.T. S..ST. !

Place les voyelles manquantes dans cette phrase. Tu trouveras ainsi ce que pourrait dire le personnage que tu as fait apparaître en faisant le jeu à points ci-contre.

DIFFÉRENCES
Il y a 7 différences entre ces deux danseuses. A toi de les repérer!

Solutions page 37.

MINI-BIFTOU

Huit noms d'animaux vivant en Amérique du Sud sont cachés dans cette grille, horizontalement, verticalement, à l'endroit ou à l'envers. Sauras-tu les trouver tous? Une même lettre peut servir plusieurs fois.

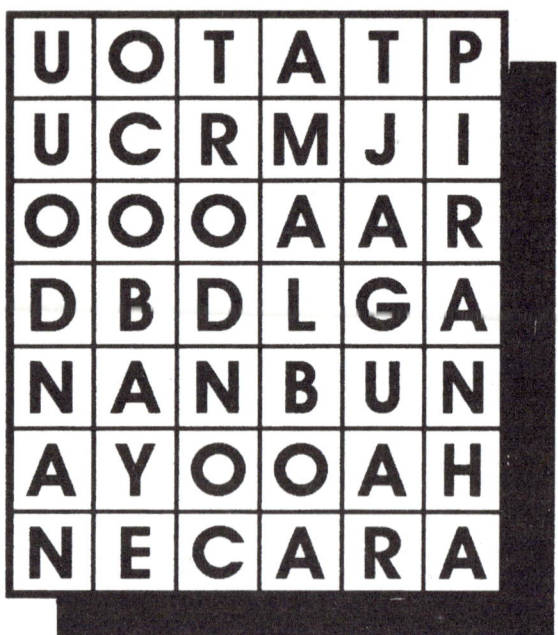

CODE

Sachant que chaque signe correspond toujours à la même lettre, décode ce que disent ces deux amis!

RÉBUS

Déchiffre ce rébus pour savoir ce que dit le personnage!

DEVINETTES

🌵 Quelle est la friandise préférée des Mexicains?

🌵 Pourquoi les fakirs passent-ils leurs vacances au Mexique?

🌵 Monsieur et Madame Corouge ont un fils, comment s'appelle-t-il?

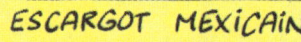
ESCARGOT MEXICAIN

ÉNIGME

LIS ET REGARDE ATTENTIVEMENT POUR DÉCOUVRIR LE MENTEUR!

Solution page 37.

AY CARAMBA! VIVA ZAPATTA!

C'est la révolution sur la place de ce village mexicain. On recherche Zapatta (voir l'affiche).
- Retrouve-le vite, mais attention, il porte un chapeau et une fausse moustache.
- Retrouve également les deux frères ennemis jumeaux (un militaire et un révolutionnaire). Ils ont le même signe sur le front.
- Et pour finir, trouve les 6 poissons qui se sont échappés du bassin ainsi que le butin de Zapatta, caché dans un petit coffre en bois.

QUEL VACANCIER ES-TU ?

TEST ?

Coche une réponse par question

En vacances, emportes-tu pour tout bagage ta panoplie du parfait rigolard, "déblok"-tu à plein tube ou gardes-tu ton sérieux?
Ce test, que tu peux faire sérieusement, ou en rigolant, te le dira.

La phrase qui rime bien avec «Demain, c'est les vacances!»
- 🦎 Youpi! Tout le monde danse!
- 🌵 On s'en réjouit d'avance!
- 🌶 Mais déjà à la rentrée, on pense!

La veille de ton départ ...
- 🦎 Tu es excité et n'arrêtes pas de blaguer!
- 🌵 Tu essayes ton maillot de bain!
- 🌶 Tu ranges tes livres et tes cahiers scolaires!

Dans ta valise, tu as emporté ton cahier de vacances...
- 🌶 Pour ne pas t'ennuyer!
- 🌵 Pour réviser... si tu en as le temps!
- 🦎 Pour faire plaisir à tes parents!

Sur la route, ta voiture est coincée dans les embouteillages. Pour passer le temps...
- 🌵 Tu piques un petit somme.
- 🦎 Tu fais des grimaces aux automobilistes.
- 🌶 Tu multiplies le nombre de voitures rouges qui passent par le nombre de voitures blanches!

Il est minuit! Tu viens d'arriver sur ton lieu de vacances, en bordure de mer.
- 🌶 Tu défais tes bagages, lis un peu et vas te coucher!
- 🌵 Tu te couches tout habillé!
- 🦎 Tu cours prendre un bain de minuit!

Tu fais la connaissance d'un garçon (d'une fille) très sympa. Pour le (la) séduire...
- 🦎 Tu fais le clown!
- 🌵 Tu lui rapportes une étoile de mer!
- 🌶 Tu lui dis que tu es le premier (la première) de ta classe!

Tu envoies une carte postale à ton meilleur copain et lui dis que tu passes des vacances...
- 🦎 Hilarantes!
- 🌵 Reposantes!
- 🌶 Enrichissantes!

Fais le compte de tes 🦎, 🌵 et 🌶, puis va voir le verdict aux solutions!

MÉLI-MÉLO
A toi de remettre en ordre les cases mélangées de cette mini-B.D.!

Solutions page 37.

ÉNIGME

À TOI DE FAIRE LA LUMIÈRE SUR CETTE SOMBRE ÉNIGME!

Solution page 37.

DEVINETTES

🌵 Pourquoi les Mexicains ne portent jamais de sombrero lorsqu'ils se baladent en forêt?

🌵 Monsieur et Madame Chi ont une fille, comment s'appelle-t-elle?

🌵 Pourquoi les réalisateurs mexicains ont-ils besoin de beaucoup d'éclairage lorsqu'ils tournent un film?

GRILLE-FLÈCHES

Suis les flèches en répondant aux définitions écrites ou dessinées dont certaines concernent des personnages que tu aimes!

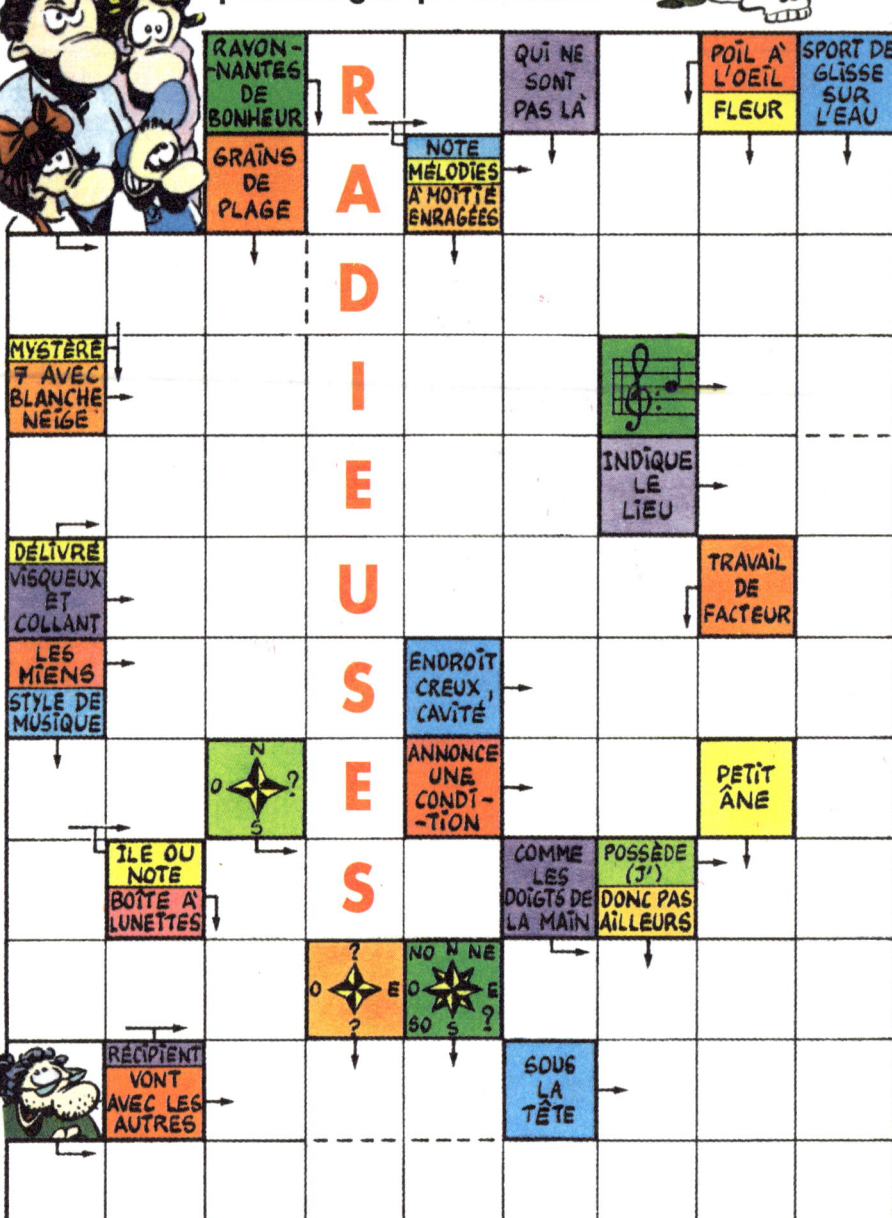

LE GAG À BILL

Décode les bulles de ce gag à Bill. Chaque voyelle est remplacée par un même chiffre.

2NF3N L2S V1C1NC2S!..

...F3N3 L2S G1GS 3D34TS!

2XC5S2Z_M43!.. J'1D4R2 M2 F13R2 BR4NZ2R M13S J'13 P25R D2S C45PS D2 S4L23L!..

36

SOLUTIONS DES JEUX DE LA PAGE 29 À 36

Devinette
«Quel beau sombre héros!» (sombrero)

Texte à trouver
Donald dit: «Je sens que je vais faire une petite sieste!»

Différences

Mini-biftou
Horizontalement: tatou.
Verticalement: nandou, cobaye, condor, lama, boa, jaguar et piranha.

Code
– Que fais-tu quand tu as fini ta sieste?
– Je me couche dans mon lit!

Rébus
«Est-ce que tu as une petite place pour moi!» (S-queue-tu-A-u-noeud-petite-place-pou'R-m'oie).

Devinettes
● Le carambar!
● Pour faire la sieste à l'ombre des cactus!
● Harry (haricot rouge!).

Énigme de la page 31
On sait par Dingo que l'atmosphère de la planète visitée est irrespirable. La photo est donc truquée car le soi-disant héros aurait dû porter son casque de scaphandre!

Ay caramba! Viva Zapatta!

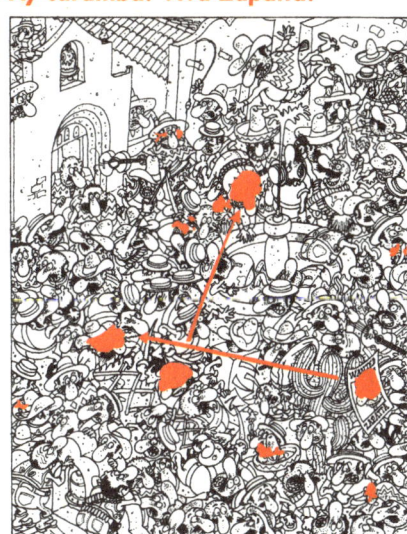

Résultats du test
Tu as une majorité de  **:**
Ah! Ah! Ah! On ne s'ennuie pas en vacances avec toi! Un vrai délire! Tu ne penses qu'à t'amuser... Farces, attrapes, blagues, jaillissent de dessous ta casquette tel un feu d'artifice! Mais tu es parfois excessif. Tes parents, et même tes amis, n'apprécient pas toujours tes pitreries! Sois sympa! Entre deux plaisanteries, laisse-leur le temps de récupérer! Ils sont en vacances eux aussi!

Tu as une majorité de 🌴 :
En vacances, tu es cool! Tu te laisses porter par les flots, mais sans t'ennuyer! Tu profites du moment présent. Rire, sports, détente, culture... Tu puises dans ce programme au gré de ton humeur! Et sans t'en apercevoir, pendant ces vacances bien remplies, tu recharges tes batteries pour affronter la rentrée avec une pêche d'enfer...

Tu as une majorité de 🎩 :
Pour toi, le travail, c'est la santé! Les vacances, c'est bien beau, mais tu ne veux pas bronzer "idiot"... Tu aimes bien rire, mais à petite dose, et pas de n'importe quoi! Tu préfères réfléchir, te cultiver, préparer la rentrée!
Tu es un "bûcheur", c'est très bien, mais tu ne te réserves peut-être pas assez de temps de repos et de détente! N'oublie pas le vieil adage : «qui veut aller loin, ménage sa monture!»

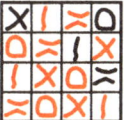

Méli-mélo
Le bon sens de lecture est 4-3-1-5-2.

Le temple inca
● Il fallait trouver la statuette C (son nez est plus petit).
● 12 pots et le signe = dans le carré magique.

Énigme de la page 35
Le fil électrique de la lampe du suspect de droite est trop court pour arriver jusqu'à la prise de courant. C'est donc la lampe du personnage de gauche qui a été volée.

Grille-flèches
Horizontalement: RE, AIRS, LES DEBLOK, NAINS, SI, LIBERE, EN, GLUANT, MES, TROU, RE, SI, EST, AI, POT, CINQ, UNS, COU et GRISEMINE.
Verticalement: RAP, ENIGME, SABLE, ETUI, RADIEUSES, NS, ENRA, SE, ABSENTS, CIL, TRI, ICI, ROSE, ANON et SKI NAUTIQUE.

Devinettes
● Pour éclairer les sombres héros! (sombrero).
● Maria (Mariachi).
● Pour pas qu'on les confonde avec des champignons!

Le gag à Bill
Case 1: Enfin les vacances... fini les gags idiots! Case 3: Excusez-moi!... J'adore me faire bronzer mais j'ai peur des coups de soleil...

L'ÉCOLE ABRACADABRA

CORTEGGIANI/TRANCHAND

L'ÉCOLE ABRACADABRA

CORTEGGIANI/TRANCHAND

L'ÉCOLE ABRACADABRA

CORTEGGIANI/TRANCHAND

LES BÉBÉS DISNEY

LES BÉBÉS DISNEY

LES BÉBÉS DISNEY

LES BÉBÉS DISNEY

LES BÉBÉS DISNEY

HA! HA! HA! HA!

Un voyageur arrive à la gare, essoufflé, et croise un enfant qu'il connaît:
– Toi, qui es le fils du chef de gare, tu dois bien savoir quand part le train?
– Oui, m'sieur! répond le gamin, quand papa siffle!

Un P.D.G. accueille joyeusement un de ses employés:
– Mon ami, lui dit-il, il m'arrive très rarement de mêler le plaisir au travail. Aujourd'hui, pourtant, je le fais: Je vous mets à la porte!

Théo à Marco:
– Nous, dans la famille, on est tous très grands. J'ai un cousin, il est tellement grand, qu'il est pris de vertige quand il regarde ses pieds!
– C'est rien ça! Moi, j'ai un oncle qui a les jambes tellement longues que s'il prend froid aux pieds en janvier, il n'éternue qu'à la fin décembre!

Qu'est ce qu'un optimiste?
– C'est quelqu'un qui plante deux glands dans un jardin et qui part en courant s'acheter un hamac!

Deux pères parlent de leurs enfants:
– Et, qu'est-ce qu'il sera, votre fils, quand il aura terminé ses études?
– Je pense qu'il sera quinquagénaire!

Un daltonien grille un feu rouge et se fait arrêter par un policier:
– Dites-donc, vous n'avez pas vu que le feu était rouge?
– Je m'excuse, monsieur l'agent, mais je suis daltonien et...
– Et alors, il n'y a pas de feu rouge en Daltonie?

Denis, 6 ans, n'a jamais parlé depuis sa naissance. Soudain, en prenant son petit déjeuner, il dit:
– Pourquoi n'avez-vous pas mis de sucre dans mon café?
– Mais pourquoi n'as-tu pas parlé plus tôt? lui demandent ses parents.
– Avant, j'avais toujours du sucre dans mon café!

Un avaleur de sabres se rend à la mercerie et demande une boîte d'aiguilles. La vendeuse s'étonne:
– Vous faîtes de la couture?
– Mais non, répond l'avaleur de sabres, je suis au régime!

Un ballon de rugby atterrit au milieu d'une basse-cour. Le coq convoque toutes les poules autour de lui:
– Mesdames, nous avons du souci à nous faire! Regardez ce que fait la concurrence!

Un commerçant demande à un candidat au poste de vendeur:
– Vous bégayez toujours comme ça?
– N... Non! répond l'autre, seul... seulement quand... je...je... je par... parle!

Tu connais Robin des Bois, ce justicier dont les aventures se passent au Moyen Age dans la forêt anglaise de Sherwood. Tu as sans doute vu le grand dessin animé Walt Disney ou la superproduction avec Kevin Costner qui ont immortalisé ce héros, ses comparses et ses ennemis. Eh bien, accroche-toi à ton siège, car tu vas découvrir maintenant une version totalement délire de cette histoire avec Donald dans le rôle de... Donald des Bois. Le grand dessinateur Romano Scarpa l'a créée pour l'hebdo Disney italien Topolino, où elle est parue, pour la première fois, dans les numéros 228 et 229 du 10 et 25 février 1960.

YANN & JULIE

CORTEGGIANI/BERCOVICI

GÉNIUS

PIM PAM POUM

GÉNIUS

LE JOURNAL DES JEUX

POURQUOI ROBIN DES BOIS S'HABILLE-T-IL EN VERT?

MOT À TROUVER

Je décochais une ...... en direction de la ...... de la cathédrale, puis je filais comme une ...... en suivant la .... indicatrice!

Sauras-tu trouver LE mot qui manque pour compléter la phrase que dit Robin?

RÉBUS
Déchiffre ce rébus pour savoir à quoi pense l'archer!

JUMEAUX Deux de ces personnages sont absolument identiques. Lesquels?

Solutions page 103.

DU TEMPS DE ROBIN DES BOIS

Retrouve dans la grille les mots de la liste. Ils peuvent s'écrire dans tous les sens. Une lettre peut servir plusieurs fois. Quand tous les mots sont rayés, il reste 7 lettres dans la grille qui forment un mot. Lequel? Pour t'aider, 3 mots sont déjà rayés.

```
T N A I D N E M R T E R O F
A T T E L A G E O S F R E S
V E M R E F I R Y O N E T E
E T M O C L E A A U O I O T
R A R C A E H R U T J N U I
N R I V E P C M M E N E R C
E E E U C E E E E R O B I N
C H A R T E L U L R D V O T
C M O I N E F A L A L I N O
T E R V U A P E I I P L I U
N I C E D E M T A N M L L R
F A M I N E E A T A A A U N
E R U T L U C H A I H G O O
D E F E N S E C B N C E M I
```

ARC — ~~COMTE~~ — FORÊT — ROBIN
ARME — CULTURE — MÉDECIN — ROYAUME
ART — DÉFENSE — MENDIANT — SERF
ATTELAGE — DONJON — MOINE — SOUTERRAIN
BATAILLE — ÉCU — MOULIN — TAVERNE
CHAMP — ÉPÉE — NAIN — TOUR
~~CHÂTEAU~~ — FAMINE — PAUVRE — TOURNOI
~~CHEVALIER~~ — FERME — REINE — VILLAGE
CITÉ — FLÈCHE — RIVE

DEVINETTE

♦ Pourquoi Robin des Bois peut-il jouer de la guitare avec son arc?

DIFFÉRENCES

A toi de trouver les 8 différences qu'il y a entre ces deux dessins!

LABY-CONCOURS

Aide cet archer à trouver le bon chemin pour atteindre la pancarte qui lui indiquera où se situe le concours de tir à l'arc.

COUVRE-CHEFS

Parmi tous ces couvre-chefs figure un intrus. Lequel?

CODE

Sachant que chaque signe correspond toujours à la même lettre, décode ce que dit ce personnage!

Solutions page 103.

Un jeu dont tu es le héros
LA MISSION DE PETIT JEAN

Voici un jeu d'aventures dont tu vas être l'acteur. Ton nom est Petit Jean, fidèle ami de Robin des Bois. Hier soir, devant le feu allumé dans la clairière de la forêt de Sherwood qui vous sert de refuge, Robin était soucieux et inquiet: il a appris que Marianne était détenue au château par le Prince Jean. Il faut absolument la délivrer! De plus, Richard Cœur de Lion devrait bientôt revenir de croisade, et son trésor est caché dans le château après avoir été dérobé par le Prince Jean et les siens.

Ta mission est importante. Pour délivrer Marianne et récupérer le trésor, Robin a un début de plan mais les embûches sont nombreuses! Tu marches dans la forêt en réfléchissant à la manière dont tu vas t'y prendre. Maintenant, il faut agir! Les étapes à franchir sont indiquées par des numéros. Aide-toi de la carte que t'a fournie Robin, hier soir.

Lorsque tu parviens à une étape, reporte-toi à la note correspondante pour connaître les événements. Il y a parfois un choix à faire. Pars de 1, dans la forêt de Sherwood. Bonne chance !

1 Muni de ton arc, de flèches et de ton gourdin, tu passes à l'action. Choisis un chemin sur la carte.

2 Tu te trouves sur le Rocher de Grès, au-delà de la rivière, afin d'observer le château du Prince et voir si lui et le Shérif s'y trouvent. Pour te rapprocher, tu te rends au Carrefour des Quatre routes.

3 Tu arrives au champ de tir à l'arc. Le Prince Jean ne s'y trouvant pas, tu poursuis ton chemin jusqu'à la mare.

4 Tu arrives au bord de la rivière pour voir si le Prince passe par là afin d'assister au concours de tir à l'arc. Personne! Rends-toi au champ de tir.

5 Tu te caches dans la grotte pour savoir si le Prince a choisi cette route. Lis la note 8.

6 Tu te trouves maintenant au Carrefour des Quatre Routes, nez à nez avec les hommes du Shérif ! Que fais-tu ? Tu les attaques: lis la note 28. Tu t'enfuis : lis la note 9.

7 Pas de Prince, ici, pour l'instant. Fais demi-tour et cherche un autre chemin.

8 Tu vois le Prince et sa suite arriver au grand trot. Tu te rends au pigeonnier car tu as une idée!

9 Tu te réfugies dans la boutique d'Eulalie et t'y retrouves coincé. Il te faut attendre la nuit pour regagner la forêt de Sherwood et repartir de 1.

10 Tu envoies une flèche avec un message à Marianne, au château, et un pigeon voyageur vers le champ de tir pour avertir Robin. Lis la note 12.

11 Tu envoies un pigeon voyageur à Marianne, au château, et tires une flèche avec message vers le champ de tir à l'arc. Lis la note 13.

LÉGENDES DE LA CARTE

1 ♦ Camp de la forêt de Sherwood.
2 ♦ Rocher de Grès.
3 ♦ Champ de tir à l'arc.
5 ♦ Grotte.
6 ♦ Carrefour des Quatre Routes.
7 ♦ Mare.
9 ♦ Boutique d'Eulalie.
12 ♦ Chêne centenaire.
14 ♦ Douves.
16 ♦ Marais.
17 ♦ Pont-levis.
19 ♦ Fourrés.
21 ♦ Chambre de Marianne.
28 ♦ Infirmerie du camp de Sherwood.
29 ♦ Chapelle du Frère Tuck.
32 ♦ Pigeonnier.
35 ♦ Cuisines.
36 ♦ Petite salle.
37 ♦ Salle des gardes.

12 Eh oui ! Le château est très loin ! Ta flèche s'est prise dans les branches du chêne centenaire et tu perds du temps à la chercher. A la réflexion, ce n'est pas la bonne méthode. Retourne au pigeonnier.

13 Marianne et Robin, maintenant avertis que le château est presque désert, tu te rends à la chapelle de Frère Tuck.

14 Abner est un ami, serviteur au château, qui est au courant de tout. Tu t'es approché des douves pour lui parler. Lis la note 16.

15 Tu te diriges vers le château. En chemin, tu rencontres le Baron de Malmedy qui se vante de posséder la Pierre Mystérieuse du sorcier Thorgall. Tu l'assommes et lui prends la Pierre. Tu pars pour le château. Tu décides d'y pénétrer par la porte : lis la note 17. A l'aide de la corde : lis la note 18.

16 Abner devant faire des recherches, il te faut attendre et tu files te cacher dans les marais car des soldats approchent.

17 Déguisé en moine, tu franchis le pont-levis mais tu es découvert ! Tu dois te cacher au bord de la rivière, dans les fourrés. Va en 19.

18 Grâce à la Pierre Mystérieuse, tu apprends que la clé de la pièce où est enfermée Marianne se trouve dans la chambre du Prince Jean. Lis la note 30.

19 Il te faut attendre la nuit et trouver un autre déguisement. Comment faire ? Tu pars chercher Robin : lis la note 22. Tu te débrouilles tout seul : lis la note 23.

20 Retourne au bord des douves. Le soir tombant, Abner te dit où se trouve la clé de la chambre de Marianne. En escaladant les remparts à l'aide de la corde, tu tombes à l'eau ! Le bruit alerte les gardes et tu dois rentrer précipitamment au camp de Sherwood. Repars de 1.

21 Tu parviens enfin dans la chambre de Marianne et la fais sortir. Que fais-tu ? Tu cherches tout de suite le coffre : lis la note 24. Tu demandes du renfort : lis la note 25.

22 Robin reste introuvable. Repars de 19.

23 Tu interroges la Pierre Mystérieuse. Lis la note 18.

24 La Pierre indique que le coffre est dans la Grande Salle du château. Tu décides de t'y rendre à tes risques et périls. Lis la note 26.

25 Marianne est sauve et Robin averti par le pigeon voyageur que tu lui as envoyé. Tu préfères rester caché dans la tour en attendant les renforts. Lis la note 27.

26 Pris à partie par les gardes du Shérif, tu te trouves dans le Petit Donjon et ça barde ! Fais vite demi-tour.

27 Tu as bien fait d'attendre, car Robin et Richard Coeur de Lion, de retour, sont entrés dans le Château. Ils mettent en déroute tous les complices du Prince Jean et récupèrent le coffre au trésor. Ta mission est remplie. Félicitations !

28 Tu es blessé et dois te rendre au camp de la forêt. Que de temps perdu ! Tu reprends tout de même ta route.

29 Le frère Tuck te prête la corde du clocher. Mais comment se procurer la clé de la chambre où est enfermée Marianne ? Tu vas demander à ton ami Abner : rends-toi aux douves. Ou bien fie-toi à ta bonne étoile : lis la note 15.

30 Tu escalades la tour et cherche la clé dans le château-labyrinthe, sur la carte en partant de 34.

31 Cherche maintenant le chemin qui mène à la chambre de Marianne.

32 Tu observes bien ta carte et envoies un message par pigeon voyageur. A Robin : lis la note 10. A Marianne : lis la note 11.

33 Cette cachette n'est pas sûre. Cherche ailleurs.

Solution page 103.

ÉNIGME
SI L'ESCROC PERSISTE, IL VA Y AVOIR UN ACCROC!

Solution page 103.

À POINTS

Relie les points de 1 à 112, de 113 à 198 et de A à K pour faire apparaître un sacré personnage! Les points sont parfois éloignés, n'hésite pas à te servir d'une règle.

DEVINETTES

♦ Qu'est-ce qui est petit, rouge, qui se mange, et que l'on trouve en forêt?

♦ Pourquoi Robin des Bois est-il obligé de se laver à chaque fois qu'il se lève?

♦ Que se passe-t-il lorsque Robin des Bois est enrhumé?

LE GAG À BILL

Sauras-tu trouver l'astuce pour déchiffrer facilement ce second «gag à Bill»?

SOLUTIONS DES JEUX DE LA PAGE 95 A 102

Devinette
Pour que personne ne le confonde avec une fraise des bois!

Mot à trouver
Il s'agit de FLÈCHE.

Rébus
«Ce n'est pas fameux! Je crois que mes joyeux compagnons n'ont pas tort, il faudrait que je porte des lunettes!» (ce-nez-pas-fa-meuh-jeux-croix-k'oeufs-m'haie-j'oie-yeux-compas-gnon-non-pas-t'or-île-faux-d'raie-queue-je porte dé-lune-êtes).

Jumeaux
Les archers identiques sont les C et D.

Du temps de Robin des Bois
Le dernier mot est RÉCOLTE.

Devinette
Parce qu'il a plus d'une corde à son arc!

Différences

Couvre-chefs
L'intrus est le 5, qui est un chapeau feutre moderne!

Code
«Je veux savoir qui m'a tracé une cible sur le pantalon!»

Laby-concours

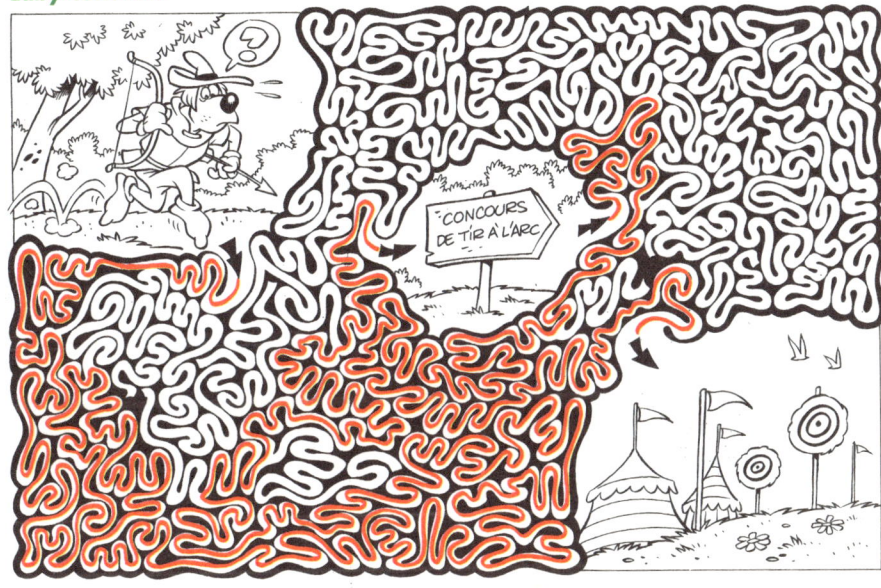

La mission de Petit Jean
Pour mener à bien la mission, il faut passer, dans l'ordre, par les numéros: 1, 5, 8, 32, 11, 13, 29, 15, 18, 30, 34, la clé, 31, 21, 25 et 27.

Énigme
Le témoin ment. Comment filmer un cambriolage de 2h sur une cassette de 100 minutes? C'est un escroc!

Devinettes
• Le Robinet-nez coule! (le Robinet coulé).
• Parce que le Robin debout (bain de boue) est très salissant!
• Le petit chaperon rouge!

Le gag à Bill
L'astuce consistait à lire chaque mot à l'envers.
Case 1:
Me voici sur une plage normale... avec des gens normaux!
Case 3:
Salut! Je suis un vénusien à tentacules! J'aime bien la plage mais je ne veux pas faire peur aux enfants!

LES DÉBLOK

LES DÉBLOK

CESTAC/ROQUES

LES DÉBLOK

LES DÉBLOK

CESTAC/ROQUES

LES DÉBLOK

OH! LA! OH! LA! C'EST MA DOUDOUNE QUE TU PRENDS, LÀ! — EXCUSE-MOI, ON A LA MÊME!

SÛREMENT PAS! LA MIENNE EST EN VÉRITABLE DUVET D'OIE! TOI, C'EST DU SYNTHÉTIQUE!

FAUT PAS CONFONDRE! — M'ÉNERVE LUI! M'ÉNERVE, GRRR!

AVEC CE VIEIL OREILLER, ON VA LUI FAIRE UNE BONNE FARCE À MONSIEUR "SUPER-DOUDOUNE"! ICH! ICH!

ON FAIT UNE PARTIE DE CHAT PERCHÉ? — D'ACC!

CRAC!!

MAIS IL EST FOU, LUI, IL M'A ÉCLATÉ MA DOUDOUNE!!

AU SECOURS, JE PERDS TOUTES MES PLUMES!

HÄGAR DÜNOR

HÄGAR DÜNOR

DIK BROWN

HÄGAR DÜNOR

HÄGAR DÜNOR

HÄGAR DÜNOR

DIK BROWN

YANN & JULIE

CORTEGGIANI/BERCOVICI

HA! HA! HA! HA!

Un jeune chanteur demande à son professeur de chant:
– Est-ce que je réussirai à faire quelque chose de ma voix?
– Oui, répond le professeur, elle pourra sûrement vous être très utile en cas d'incendie ou de naufrage!

– Je vous reconnais! C'est vous que j'ai surpris à tricher aux cartes au premier étage du casino! Je vous avais jeté par la fenêtre. J'espère que ça vous a servi de leçon!
– Oh oui! Depuis, je ne joue plus qu'au rez-de-chaussée!

Au restaurant, un client, furieux appelle le garçon:
– Dites donc, garçon, ça ne va pas du tout! Regardez ce poulet rôti... il a une patte plus courte que l'autre!
– Excusez-moi monsieur, je ne savais pas que vous vouliez danser avec lui!

– Bonjour madame, je suis accordeur... je viens pour le piano?
– Mais, je ne vous ai pas demandé de venir!
– Vous, non! Mais vos voisins ont beaucoup insisté!

Un paysan, assis à l'ombre, mange des prunes et recrache les noyaux autour de lui. Passe un touriste:
– Belle journée pour se reposer!
– Parlez pour vous! Moi, je reboise!

– Bonjour monsieur, je viens vous régler la dernière mensualité du landau que j'avais acheté à crédit!
– Parfait, et comment va l'enfant?
– Très bien! Elle se marie dans une semaine!

Deux chiens se rencontrent au coin d'une rue et engagent la conversation:
– Vous avez vu le nouveau réverbère?
– Ma foi, non!
– Alors venez, ça s'arrose!

Un chien va à la poste envoyer un télégramme:
– Ouah, ouah, ouah, ouah, ouah, Stop.
Le postier lui dit que pour le même prix il peut mettre dix mots.
– Je sais, répond le chien, mais je ne voudrais pas avoir l'air d'insister!

A l'occasion d'un sondage "après-rasage", on interroge un monsieur dans la rue:
– S'il vous plaît, monsieur, que mettez-vous après vous être rasé?
– Heu... mon pantalon!

Un chauffard dit à un homme qu'il vient de renverser:
– Enfin... je sais conduire! je suis automobiliste depuis vingt-sept ans!
– Et moi, monsieur, répond sa victime, je sais marcher! Je suis piéton depuis soixante-deux ans!

43 pages d'une grande et passionnante aventure t'attendent maintenant (l'équivalent d'un album de BD!); elle se passe à bord d'un bateau baleinier et s'inspire de la célèbre histoire de Moby Dick, la baleine blanche. Elle est parue du 7 février au 1er juillet 1938 dans la presse quotidienne américaine et a été dessinée par Floyd Gottfredson qui, pendant 45 ans, a mis en scène Mickey dans des scénarios dignes d'Hollywood. Parole de matelot: ça vaut vraiment le voyage! Embarque-toi sans hésiter!

MICKEY

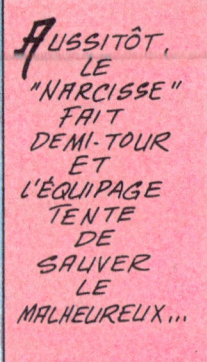

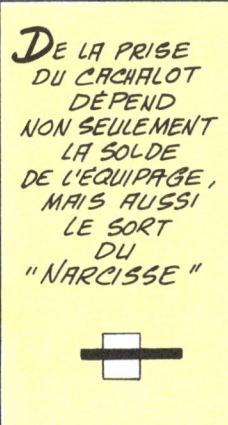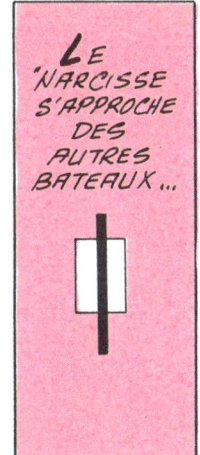

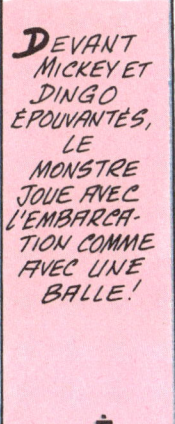

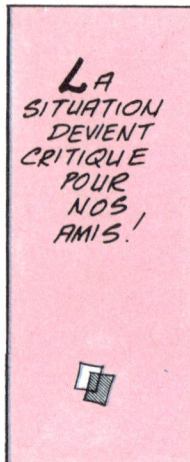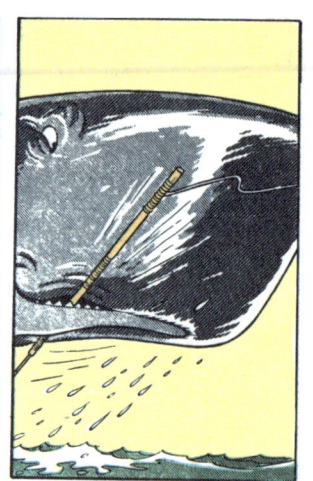

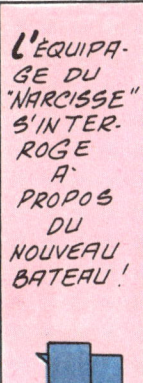

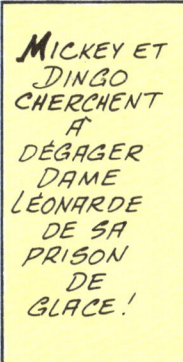
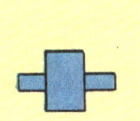

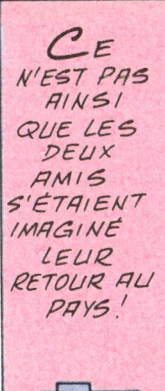

GÉNIUS

GÉNIUS

GÉNIUS

GÉNIUS

GÉNIUS

LE JOURNAL DES JEUX

QUE DIT LA BALEINE QUI NE SE TROUVE PAS ASSEZ GROSSE?

À POINTS

Relie les points de 1 à 75 pour faire apparaître un drôle de poisson!

POISSONS

Chacun des mots suivants peut avoir un rapport avec un poisson particulier. En faisant le jeu à points ci-contre, tu auras déjà la 1ère réponse!

1: PLANCHE ....
2: CLOU ....
3: MIAOU ....
4: CIRQUE ....
5: OISEAU ....
6: FARCE ....

PUZZLE

Sauras-tu reconstituer cette grille de mots croisés découpée en morceaux? Tous les mots sont connus. Pour t'aider, 4 lettres sont déjà en place.

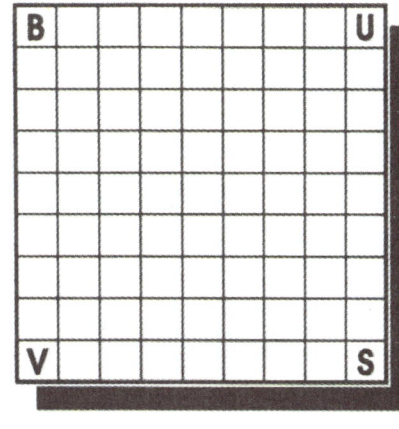
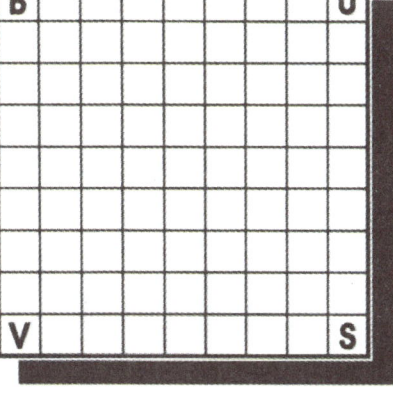
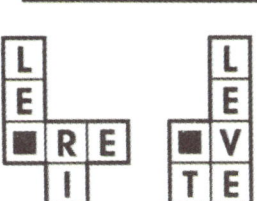

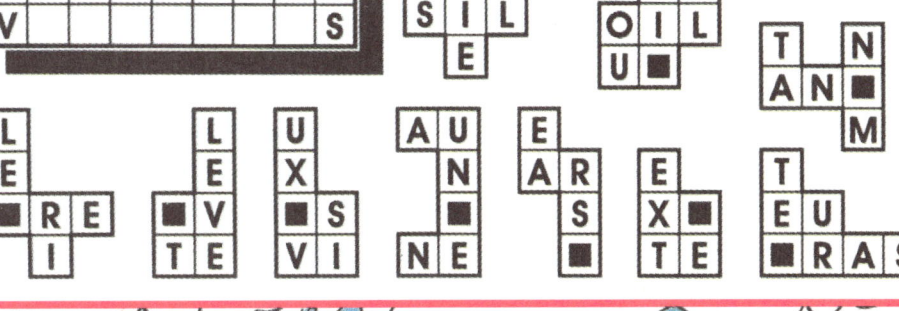

Solutions page 175.

MULTIJEU

JEU N°1: Décode ce texte, sachant que chaque signe correspond toujours à la même lettre. Trouve ensuite qui dans la scène prononce cette phrase.

JEU N°2: Un seul de ces morceaux n'est pas extrait du grand dessin. A toi de le trouver!

JEU N°3: Combien y a-t-il de poissons dans cet amas?

Jeu n°4: Il y a 4 différences entre la mouette et son ombre. Sauras-tu les trouver rapidement?

TEST

Coche une réponse par question ou suggestion.

ES-TU PROCHE DE LA NATURE?

La nature, sa protection, l'écologie... On en parle beaucoup!
Impossible d'y échapper, avec raison d'ailleurs!
Mais toi, connais-tu tous ces problèmes sur le bout des doigts?
Amuse-toi à faire ce test pour savoir si tu as le réflexe nature!

1- L'écologie, c'est:
- ● La science qui sauvegarde tout ce qui est vert.
- ■ La science qui étudie les relations des êtres vivants entre eux et avec leur milieu.
- ◆ La science qui étudie les phénomènes de la nature.

2- La couche d'ozone protège la terre...
- ◆ Du froid.
- ● Des chutes de comètes.
- ■ Des rayons nocifs du soleil.

3- Ils (elles) peuvent attaquer la couche d'ozone:
- ● Les chlorofluorures de carbone contenus dans certaines bombes aérosols.
- ◆ Les détergents contenus dans certaines lessives.
- ■ La fumée de cigarettes.

4- Quelle espèce d'oiseau a complètement disparu?
- ■ Le condor!
- ◆ Le serin!
- ● Le dodo!

5- Quel commerce est maintenant interdit?
- ◆ Le commerce de la laine!
- ● Le commerce de la fourrure!
- ■ Le commerce de l'ivoire!

6- Il est préférable de ne pas les jeter à la poubelle car elles sont polluantes:
- ■ Les piles de tes jouets électroniques.
- ● Les boîtes vides de médicaments.
- ◆ Les peaux de bananes mûres.

7- Quelle espèce n'est pas en voie de disparition?
- ◆ Les rats.
- ■ Les baleines bleues.
- ● Les pandas.

Va vérifier tes réponses aux solutions!

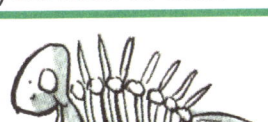

MÉLI-MÉLO   A toi de remettre en bon ordre les cases mélangées de cette mini-B.D.?

Solutions page 175.

ÉNIGME

LE METTEUR EN SCÈNE A-T-IL BIEN FAIT DE «COMPTER» SUR MICKEY?

Solutions page 175

ÉLÉMENTS CACHÉS

Une paire de lunettes, une chaise, une antenne de télévision, un fusil, un stylo à plume et une tête de pirate sont dissimulés dans ce dessin. Sauras-tu les retrouver?

AU ROYAUME DES BALEINES

Retrouve dans la grille les mots de la liste. Ils peuvent s'écrire dans tous les sens. Une lettre peut servir plusieurs fois. Quand tous les mots sont rayés, il reste 5 lettres dans la grille qui forment un mot. Lequel?
Pour t'aider, 2 mots sont déjà rayés.

ABER
AIR
ALGUE
ANSE
APNÉE
~~BATEAU~~
CACHALOT
CREUX
DÉCOMPRESSION
EAU
EMBRUNS
FLOT
FLUX
FOSSE
GALET
ÎLE
IMMERGER
INFINI
LANGOUSTE
LARGE
MAMMIFÈRE
MARÉE
MER
MOULE
NARVAL
NAVIGATION
PIEUVRE
PLONGÉE
~~POISSON~~
PROFONDEUR
RADE
RÉCIF
SEL
SIRÈNE
SUD
VAGUE

```
D E C O M P R E S S I O N L
X U E R C A C H A L O T F E
V A G U E A M R E M R I A S
E R V U E I P M F L O T P S
D U S N R A D E I N F I N I
E S N A U X U L F F A B E R
M N R V E P A L G U E O E E
B B E I D L F I C E R R T N
R A G G N O F O S S E U E E
U T R A O N E L U O M A L E
N E E T F G M A R E E E A G
S A M I O E N A R V A L G R
N U M O R E N O S S I O P A
E L I N P E T S U O G N A L
```

DEVINETTES

🐟 Quelles sont les baleines qui adorent l'eau et qui pourtant ne savent pas nager?

🐟 Que dit une baleine lorsqu'elle croise une sardine?

DIFFÉRENCES

Il y a 10 différences entre ces 2 dessins. Sauras-tu les découvrir?

QUIZ CONNAIS-TU LES BALEINES?

Tu aimes les baleines mais les connais-tu bien? Réponds par VRAI ou par FAUX à toutes les questions suivantes.

1 Une baleine peut rester une heure sous l'eau sans reprendre sa respiration?
☐ VRAI ☐ FAUX

2 A leur naissance, les plus gros bébés baleines pèse déjà une tonne?
☐ VRAI ☐ FAUX

3 Le célèbre jet des baleines, projeté par le petit trou qu'elles ont au-dessus du crâne, peut atteindre une hauteur de 12 mètres?
☐ VRAI ☐ FAUX

4 Les baleines sont des poissons?
☐ VRAI ☐ FAUX

5 Un estomac de baleine peut contenir 700 kilos de poissons et de plancton?
☐ VRAI ☐ FAUX

6 Les baleines chantent?
☐ VRAI ☐ FAUX

7 Les baleines se laissent caresser par l'homme?
☐ VRAI ☐ FAUX

8 La baleine bleue est le plus gros animal de la planète?
☐ VRAI ☐ FAUX

9 Les baleines bleues peuvent communiquer entre elles par leurs chants à 1000 km de distance?
☐ VRAI ☐ FAUX

10 Les baleines sont protégées depuis 1967?
☐ VRAI ☐ FAUX

Solutions page 175.

GRILLE-FLÈCHES

Suis les flèches en répondant aux définitions écrites ou illustrées dont certaines concernent des personnages que tu retrouveras dans les pages de B.D.!

DEVINETTES

🐟 Quelle est la différence entre une baleine grise et une baleine blanche?

🐟 Pourquoi les requins refusent-ils de prendre les crabes auto-stoppeurs sur leur dos?

🐟 Pourquoi n'y a-t-il jamais de vinaigre dans la cuisine des tsars russes?

LE GAG À BILL

Déchiffre ce dernier Gag à Bill! Chaque signe correspond toujours à une même lettre.

SOLUTIONS DES JEUX DE LA PAGE 167 À 174

Que dit la baleine ?
« C'est assez ! Je me cache à l'eau car j'ai le dos fin ! » (cétacé-cachalot-dauphin)

Poissons
1 : Poisson scie. 2 : Requin marteau.
3 : Poisson-chat. 4 : Poisson clown.
5 : Poisson volant. 6 : Poisson d'avril.

Puzzle

Multijeu
Jeu n°1 : « Chic ! On me prend en photo, je vais faire la Une des journaux ! ».
Cette phrase est prononcée par la baleine.
Jeu n°2 : Le carré E n'est pas extrait du dessin.
Jeu n°3 : Il y a 13 poissons.
Jeu n°4 : Une des plumes du haut de l'aile droite de la mouette. Une plume de la queue. Le duvet sur la tête et la langue.

Résultats du test
Les bonnes réponses sont :
1 ■ ; 2 ■ ; 3 ● ; 4 ● ; 5 ■ ; 6 ■ ; 7 ♦.

Tu as plus de 5 bonnes réponses :
Bravo ! Tu as une très grande estime de Dame Nature, et tu connais beaucoup de choses sur elle. La sauvegarde de notre planète te préoccupe ! Tu écoutes donc toutes les informations qui touchent à ce sujet. Préserver l'équilibre de la Terre est l'un de tes premiers soucis ! Tu te sens responsable de son avenir !

Tu as de 3 à 5 bonnes réponses :
Tu es assez attentif aux problèmes écologiques, mais c'est peut-être parfois un peu trop compliqué ! N'hésite pas à demander des éclaircissements sur ce sujet épineux à tes parents et à tes professeurs. De toute évidence, tout ce qui touche à la nature t'intéresse. Pour toi, il ne fait aucun doute que l'Homme doit protéger la nature pour se protéger lui-même !

Tu as moins de 3 bonnes réponses :
Tu sembles ignorer complètement la nature. Et pourtant, c'est elle qui t'accueille et te fait vivre. Ouvre bien tes oreilles. Les informations pleuvent sur le sujet. Tu t'intéresses certainement à d'autres choses, mais regarde mieux les plantes et les animaux, leur vie est passionnante. Et surtout, si tu veux garder ta planète belle et vivante, il est nécessaire de te tenir au courant des problèmes !

Méli-mélo
Le bon ordre de lecture est : 4-1-3-5-2.

Laby-baleine
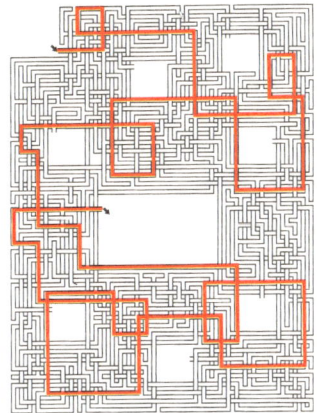

Énigme
Le navire pirate ayant quatre canons du côté où il attaque, on ne devrait pas entendre cinq détonations quand il fait feu...

Éléments cachés
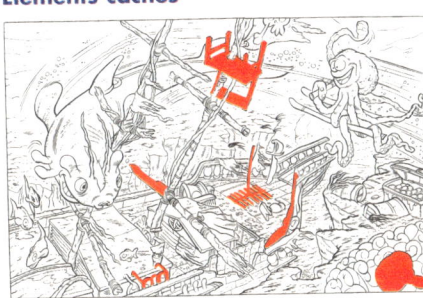

Au royaume des baleines
Le dernier mot est FANON.

Devinettes
● Les baleines de parapluie !
● Pousse-toi, microbe !

Différences

Résultats du quiz
1 : Vrai !
2 : Faux ! Beaucoup plus ! Leur poids peut atteindre 3 tonnes !
3 : Faux ! 9 mètres seulement, mais c'est déjà très haut !
4 : Faux ! Ce sont des mammifères marins.
5 : Vrai !
6 : Vrai ! Elles sont capables de produire 1000 sons différents.
7 : Vrai ! Mais il faut énormément de patience.
8 : Vrai ! Elle peut peser jusqu'à 160 tonnes ! Sa langue à elle seule pèse 4 tonnes.
9 : Faux ! A 850 km seulement ! Ce sont les seules sur Terre à produire des sons aussi forts.
10 : Vrai ! Hélas le Japon et l'Islande détournent cette législation.

Commentaires :

Tu as plus de 7 bonnes réponses :
Bravo ! Tu mérites le titre de « spécialiste des baleines » ! Avec toi, elles ont un allié qui saura les défendre !

Tu as de 4 à 7 bonnes réponses :
C'est bien ! Tu adores les baleines et ce quiz t'a vivement intéressé en t'apprenant des choses passionnantes !

Tu as moins de 4 bonnes réponses :
Pas mal, mais peut mieux faire ! Grâce à ce quiz, tu as appris beaucoup de choses sur cet animal sympathique !

Grille-flèches
Horizontalement : BALTHAZAR, BU, ARÔME, RING, OS, PARIAS, TV, ACE, REGRE, SA, CD, RAT, DÉÇU, ÉMU, CAP, NUAGE, BOBOS, CRU, REPAS, AXE et ROME.
Verticalement : PAS, ABRACADABRA, LUIRE, ÉPOUX, ET, NI, CC, HAGAR DUNOR, BAR, SE, USER, ZOO, CRÉA, PO, AM STRAM GRAM, RE, VÊTUE et SE.

Le gag à Bill
Case 1 : Voici une petite plage familiale sans histoire !
Case 3 : Aidez-moi ! Je jouais avec mon fils et il est parti s'acheter une glace !

Devinettes
● Un quart d'heure de cuisson !
● Parce que les crabes s'incrustent assez profondément dans leurs dos fins ! (crustacés - dauphins)
● Parce que les tsars dînent à l'huile ! (sardine à l'huile).

L'ÉCOLE ABRACADABRA

CORTEGGIANI/TRANCHAND

L'ÉCOLE ABRACADABRA

L'ÉCOLE ABRACADABRA

CORTEGGIANI/TRANCHAND

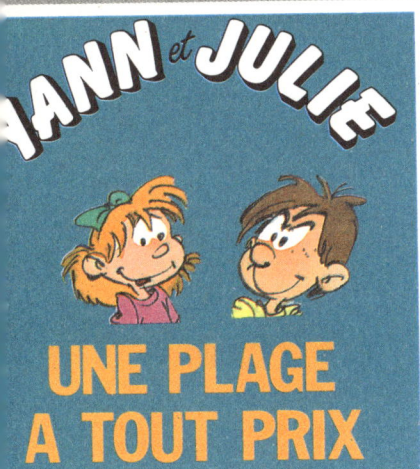

PIM PAM POUM

PIM PAM POUM

LES BÉBÉS DISNEY

LES BÉBÉS DISNEY

LES BÉBÉS DISNEY

LES BÉBÉS DISNEY

LES BÉBÉS DISNEY